Lutz Hillingmeier

Verbunden in Gottes Liebe

Ein bunter Blumenstrauß zur Goldenen Hochzeit

Liebes Jubelpaar,
Genau 50 Jahre ist es nun her,
da Sie sich vor dem Altar
das Jawort gegeben
und für Ihren Bund
Gottes Segen erbeten haben.
Der Regenbogen
auf einer der folgenden Seiten
sei das Sinnbild
Ihres gemeinsamen Lebensweges,
auf dem Er Sie geführt haben möge.
Am heutigen Tage
empfinden Sie sicherlich
jenen stillen Frieden,
der einem geschenkt,
solange wir den geliebten Menschen
an unserer Seite wissen.
Sie werden zurückdenken
an all das Vergangene,
an die freudigen und traurigen Ereignisse,
an die zahlreichen Stunden des Glücks
wie an die Schwierigkeiten,
die Sie beide gemeistert haben.
Miteinander und füreinander.
Sicherlich
richten Sie Ihren Blick jedoch
auch nach vorne,
fragen sich,
was die Zukunft wohl bringen mag.
Für Sie persönlich
und für unsere Erde
an der Schwelle
des dritten Jahrtausends.
Dieses Buch möchte Sie
mit auf diese Reise nehmen,
die Ihr Leben beschrieben hat,
will von Vertrauen
und der Zuversicht sprechen,
daß sich unter Gottes Hand
letztlich alles zum Guten fügt.

Lutz Hillingmeier

Verbunden in Gottes Liebe

Ein bunter Blumenstrauß zur Goldenen Hochzeit

echter

*Schau den Regenbogen an,
und preise seinen Schöpfer;
denn überaus geschmückt
mit Herrlichkeit ist er!*

*Den Himmelskreis umgibt er
rings mit seiner Pracht,
und Gottes Hand hat
in der Höh' ihn ausgespannt.*

Jesus Sirach 43, 11–12

Nach einer alten Legende ist der Regenbogen nicht nur ein Himmels-, sondern auch ein Liebespfad...

Foto unseres ersten Hochzeitstages

Glückes genug

Wenn sanft du mir im Arme schliefst,
Ich deinen Atem hören konnte,
Im Traum du meinen Namen riefst,
Um deinen Mund ein Lächeln sonnte –
Glückes genug.

Foto unseres fünfzigsten Hochzeitstages

Und wenn nach heißem, ernstem Tag
Du mir verscheuchtest schwere Sorgen,
Wenn ich an deinem Herzen lag
Und nicht mehr dachte an Morgen –
Glückes genug.

Detlev von Liliencron

Grußwort der Kinder und Enkel:

Es muß ein Wunder sein,
Das Lieben zweier Seelen.
Sich schließen ganz einander ein,
sich nie ein Wort verhehlen.

Ich bin mir meiner Seele
In deiner nur bewußt,
Mein Herz kann nimmer ruhen,
Als nur an deiner Brust!

Theodor Storm

Es ist doch gewiß,
daß in der Welt
den Menschen
nichts notwendig macht
als die Liebe.

Eine wunderbare Heiterkeit
hat meine ganze Seele eingenommen.

Johann Wolfgang von Goethe

Die Liebe - eine Himmelsmacht

Liebes Jubelpaar,
wenn Sie im Kreise Ihrer Lieben
Ihren Ehrentag feiern,
auf den Sie sich sicherlich
schon längere Zeit
erwartungsvoll vorbereitet haben,
mag vielleicht jene friedvolle Heiterkeit
Ihr Herz erfüllen,
von der Goethe
seinen Werther sprechen läßt.

Vielleicht hat sich jedoch
die Unruhe,
welche im Vorfeld einer so großen Feier
wohl unvermeidbar ist,
noch nicht ganz gelegt.
Sind auch alle Freunde eingeladen worden?
Wer soll neben wem sitzen?
Welche Gerichte wählt man als Festmenü?
Zum Glück
werden Sie mit diesen Fragen
sicherlich nicht allein sein,
beraten Sie die Tochter
oder ein anderer Verwandter.
Ein Patentrezept
kann dieses Buch Ihnen
natürlich nicht in die Hand geben,
zu groß
werden von Familie zu Familie
die Unterschiede sein.
Wohl aber die Idee
einer »Goldenen-Hochzeits-Torte«,
für die wir Ihnen einen Vorschlag machen möchten.

Am Himmel steht der letzte Stern,
Ich halte nicht mein Herz zurück.
Zu deinen Füßen sink ich hin -
Und gestehe dir mein großes Glück.

Sekt-Charlotte; ein mehr als 50jähriges Rezept

Zubereitungszeit: 45 Min., ohne Kühlzeit

Zutaten:
300 ml Schlagsahne
300 g Hippenröllchen
30 g Butter oder Margarine
8 Blatt weiße Gelatine
300 g Sahnejoghurt
125 g Zucker
1 Pck. Vanillin-Zucker
250 ml (1/4 l) Sekt
1 Dose Mandarinen
(Abtropfgewicht 175 g)

Zum Verzieren:
100 ml Schlagsahne
gehackte Pistazienkerne

1. Sahne steif schlagen und 6 Eßlöffel in einen Spritzbeutel mit Sterntüte füllen.
2. Einen Springformrand (22 cm Durchmesser) auf eine Platte setzen, 200 g Hippenröllchen auf Springformrand kürzen. Röllchenabschnitte und restliche Röllchen zerbröseln.
3. Butter oder Margarine auflösen, etwas abkühlen lassen und mit den Bröseln verkneten. Die Masse dünn auf die Platte im Springformrand drücken.
4. An den Rand einen Sahnering spritzen, die Röllchen hineinsetzen und etwa 30 Minuten kalt stellen.
5. Gelatine in wenig kaltem Wasser einweichen. Joghurt, Zucker, Vanillin-Zucker und Sekt verrühren. Gelatine ausdrücken, auflösen, unter die Joghurtmasse rühren und kalt stellen.
6. Mandarinen auf einem Sieb abtropfen lassen. Wenn die Masse anfängt zu gelieren, restliche Sahne und Mandarinen (8 Spalten zum Verzieren zurücklassen) unterheben. Die Masse in die Form füllen und 3 Stunden kalt stellen. Springformrand vorsichtig entfernen.
7. Sahne steif schlagen, in einen Spritzbeutel füllen, die Charlotte damit verzieren und mit Pistazien und den zurückgelassenen Mandarinen garnieren.

Du sollst Dir kein Bildnis machen

Ein halbes Jahrhundert Ehe -
wieviele Schwierigkeiten und Konflikte
galt es da,
gemeinsam zu lösen,
wieviele Bewährungsproben
zu bestehen.
In einer Krisensituation
stützte man sich
auf seinen Partner
und schöpfte Kraft
aus dessen Vertrauen.
Fünfzig Jahre
Tag für Tag zu teilen,
setzte jedoch auch voraus,
des anderen Freiräume zu akzeptieren,
ihn nicht einzuengen.
Du sollst Dir kein Bildnis machen,
den geliebten Menschen nicht festschreiben
und in eine Schublade packen,
sondern ihm
die Möglichkeit der Veränderung
lassen.

Wie gut Sie aber Vorlieben,
Hobby und Denkungsart
Ihres Ehegefährten
wirklich kennen,
können Sie leicht feststellen,
indem Sie für ihn
den folgenden Fragebogen ausfüllen
und sich anschließend
Ihre Vermutungen
bestätigen oder auch verneinen lassen.

Ein alter Hochzeitswagen

Charakteristik des Gatten (von ihr auszufüllen)

Hobby

Lieblingsfarbe

Traumberuf

Lieblingsblume

Leib- und Magengericht

Lieblingsschauspieler

Schönste Reise

Lieblingsmusik

Größte Angst

Größter Wunsch

Die Liebe ist der Sonnenschein,
Die allbelebende Flamme.
Doch Treue muß die Wurzel sein
An unserem Lebensstamme.

Charakteristik der Gattin *(von ihm auszufüllen)*

Hobby ……………………………………

Lieblingsfarbe ……………………………………

Traumberuf ……………………………………

Lieblingsblume ……………………………………

Leib- und Magengericht ……………………………………

Lieblingsschauspieler ……………………………………

Schönste Reise ……………………………………

Lieblingsmusik ……………………………………

Größte Angst ……………………………………

Größter Wunsch ……………………………………

Reich mir die Hand, mein Leben

Berühmte Liebespaare aus Geschichte und Gegenwart

*Seit Anbeginn der Menschheit
entschied die Liebe
über Glück oder Unglück
des einzelnen,
ja sogar ganzer Völker.*

*Denken Sie an Helena,
schöne Königin von Sparta,
die, von Alexander nach Troja entführt,
zum Anlaß eines schrecklichen Krieges wurde.*

*Oder an Orpheus,
der seiner Eurydike
bis ins Schattenreich des Todes folgte,
weil ihm ein Dasein ohne sie
unvorstellbar war.*

*Cäsar befehligte zwar ein Weltreich,
beim Anblick Kleopatras aber
zitterten seine Knie.*

Zum Urbild schicksalhafter Liebe
erhob William Shakespeare
Romeo und Julia,
die zueinander nicht finden können,
weil sie verfeindeten Häusern entstammen.
Ihr gemeinsamer Tod
verleiht ihnen Unsterblichkeit
und jene romantische Erfüllung,
wie wir sie durch Tristan und Isolde
kennen.

Frau von Stein

Johann Wolfgang von Goethe

Die Sehnsucht
nach märchenhaft-verklärten Liebesgeschichten
ist zeitlos modern.
Millionen nahmen Anteil,
als sich 1956
Grace Kelly und Fürst Rainier von Monaco
das Jawort geben.
Zum weltbewegenden Ereignis
geriet die Heirat
Lady Dianas mit Prinz Charles,
deren Ausgang
Züge einer klassischen Tragödie hat.
Doch mögen uns
alltagsentrückte Dramen auch rühren,
der größte Beweis gegenseitiger Hingabe bleibt,
50 Jahre gemeinsam zu meistern.

Wir wollen uns lieben und ehren
viel tausendmal.
So viel als Sterne am Himmel,
So viel als Blumen im Tal.

Sprich, Erinnerung, sprich ...

Eine kleine Chronik großer Ereignisse

Wenn Sie zurückblicken auf die vergangenen Jahrzehnte gemeinsamen Lebens, werden Sie vielleicht als erstes an die Geburt der Kinder und Enkelkinder, an Hochzeiten oder Trauerfälle denken. Aber auch die herausragenden Geschehnisse der Zeitgeschichte werden Ihnen in den Sinn kommen.

Wissen Sie noch:

1949 Die CDU siegt in den Wahlen zum ersten Bundestag knapp vor der SPD.
Konrad Adenauer wird Bundeskanzler, Theodor Heuss (FDP) Bundespräsident.
Im anderen Teil Deutschlands proklamiert man die DDR.

*

1953 Erstbesteigung des Mount Everest durch Edmund Hillary.

*

1954 Schweiz ist Austragungsland der
Fußball-Weltmeisterschaft,
die erstmals Deutschland gewinnt.

*

1955 Österreich unterzeichnet in Wien
mit der Verpflichtung zur Neutralität
den Staatsvertrag und wird souverän.

*

1958 Der Patriarch von Venedig
wird als Papst Johannes XXIII.
Nachfolger Pius´ XII.

*

1961 Mit dem Bau der Berliner Mauer
findet die deutsche Spaltung ihren
sichtbarsten Ausdruck.

*

1963 Die Welt trauert um den amerikanischen
Präsidenten John F. Kennedy,
der in Dallas einem Attentat zum Opfer
fällt.

*

1969 Der US-Astronaut Neil Armstrong betritt
als erster Mensch den Mond.

*

1970 Mit einem SPÖ-Sieg bei den
Nationalratswahlen in Österreich
beginnt die Ära Kreisky.

⁂

1972 Ein Anschlag auf die israelische
Mannschaft erschüttert
die Olympischen Spiele in München.

⁂

1976 Max Frisch erhält den Friedenspreis
des Deutschen Buchhandels.

⁂

1985 Boris Becker feiert seinen ersten
Wimbledon-Sieg.

⁂

1989 Die DDR öffnet ihre Grenzen
gen Westen.

⁂

1997 Am amerikanischen Unabhängigkeitstag
landet die Sonde "Pathfinder"
auf unserem Nachbarplaneten Mars
und funkt sensationelle Bilder zur Erde.

⁂

1999 Der Euro wird eingeführt.

Vertrau' auf Gott, dann wirst du nicht verzagen,
Denn seiner Blumen Sprache spricht:
Getrost kannst du dein Herzeleid ihm klagen,
Gott ist die Liebe, darum zage nicht.

Lichter im Abendrot

Über Sorgen und Hoffnungen des Alters

Glaube
ist die feste Zuversicht auf das,
was wir erhoffen,
die Überzeugung von dem,
was wir nicht sehen.
In ihm haben die Alten sich
ein gutes Zeugnis erworben.
Hebr 11, 1-2

Wie hätte ich ohne den Menschen,
der immer für mich dagewesen ist,
die Lebensschwierigkeiten
der vergangenen Jahrzehnte überstehen,
wie ohne mein grenzenloses Vertrauen auf Gott
so manchen Schicksalsschlag
verwinden können?
Diese oder ähnliche Fragen
mögen Ihnen durch den Kopf gehen,
wenn Sie in den stillen Stunden innerer Einkehr
Rückschau halten.

Sie lehnen sich in ihrem Sessel zurück,
lauschen vielleicht dem Regen,
der leise flüsternd
Botschaften aus einer anderen Zeit
an Ihr Ohr trägt,
bis die Tür zu einer furchtvoll verschlossenen Kammer
Ihrer Seele sich öffnet.
Es beschleicht Sie die Angst,
eines Tages allein
oder mit einer schlimmen Krankheit
konfrontiert zu sein.
In diesen Augenblicken
dürfen Sie Jesus
besonders nah bei sich wissen.
Er ist in den Stunden der Not
mit der ganzen Kraft
und dem Verständnis dessen
für Sie da,
dem selber kein menschliches Leid
fremdgeblieben.
Er erinnert Sie
an die Geborgenheit
im Kreis Ihrer Familie,
an all die Freuden,
welche Sie beim Großwerden der Enkelkinder
noch erleben werden.

*Sein Trost läßt Sie hoffend
in die Zukunft blicken
trotz aller gegenwärtigen Sorgen
um die Gewährleistung der Renten
oder die Sicherheit des Arbeitsplatzes Ihrer Kinder.*

*Mit dem Fall der politischen Grenze
zwischen West und Ost,
dessen Zeitzeugen Sie geworden sind,
eröffnet sich der Menschheit im 21. Jahrhundert
die Möglichkeit der Rückbesinnung
auf die Verantwortung,
welche sie für Gottes Schöpfung trägt.*

*Die Bewahrung des Friedens,
der Erhalt unserer Umwelt
sowie der Kampf gegen
Hungerkatastrophen und Epidemien
werden der christlichen Botschaft
einen breiten Weg ebnen,
den niemand verfehlen kann.*

*Vielleicht regnet es jetzt nicht mehr,
und Sie können
voller Zuversicht hinausgehen,
um die frische Reinheit der Luft
zu genießen.*

Im selben Maß du willst empfangen,
Mußt du geben.
Willst du ein ganzes Herz,
So gib ein ganzes Leben.

Fest des Lebens

Wenn ich frühmorgens erwachte,
war das Tageslicht
Milch aus dem Paradies;
es kam durch die Fenster
in strahlenden Fluten.

Laurie Lee

Mag auch die Feier Ihrer Goldenen Hochzeit
nunmehr vorüber sein,
Stille Einzug halten,
wo vordem vielstimmige Unterhaltung
den Raum erfüllte,
so bringt doch der kommende Morgen
eine Fülle von Möglichkeiten,
sich Ihres gemeinsamen Lebens
ganz besonders zu freuen.

Eine Reise,
vielleicht an einen Ort,
den Sie schon immer einmal sehen wollten,
vielleicht aber auch hin
zu Stätten Ihrer Kindheit,
die Sie mit Ihrem Ehepartner
wiederentdecken.

Ein Hobby
wie Wandern oder Kartenspiel,
das Sie mit Freunden zusammenführt
und frohgelaunt sein läßt.
Vielerorts
organisiert die Kirche
Seniorenveranstaltungen,
die in bunter Mischung
vom Sport bis hin
zur besonderen Andacht reichen.

Neben den Angeboten von
Schauspielhaus, Kino und Museen
bietet das Programm der Volkshochschule
zahlreiche Aktivitäten
auf den Gebieten der Fortbildung,
des Kunsthandwerks und der Selbstentfaltung.

Wenn wir
ehrliche Freude im Herzen tragen,
gibt Gott uns ganz unmittelbar
die Verheißung der Zukunft.
Im Vertrauen auf Ihre gegenseitige Liebe,
verehrtes Hochzeitspaar,
schenkt sich Ihnen
das Leben in all seiner Schönheit.

So wahr die Sonne scheinet,
So wahr die Wolke weinet,
So wahr hab' ich empfunden,
Daß ich mein Glück gefunden.

Bildnachweis:

Mit Ausnahme der Abbildung auf Seite 5 (Norbert Wimmer) stammen alle anderen Farbbilder von Wolf-Dietmar Unterweger.

Die Deutsche Bibliothek – CIP-Einheitsaufnahme

Hillingmeier, Lutz:
Verbunden in Gottes Liebe : ein bunter Blumenstrauß zur Goldenen Hochzeit / Lutz Hillingmeier. – Würzburg : Echter, 1999
ISBN 3-429-02105-7

Umschlaggestaltung: Uwe Jonath
Lektorat: Angelika Schönle
Gesamtherstellung: Echter Würzburg
Fränkische Gesellschaftsdruckerei und Verlag GmbH
ISBN 3-429-02105-7